EL ARTE JAPONÉS
PARA DIBUJAR
CRIATURAS MONAS

Este libro es de:

....

....

....

EL ARTE JAPONÉS PARA DIBUJAR CRIATURAS MONAS

Angela Nguyen

MAGAZZINI SALANI

Publicado en España da Magazzini Salani.
Magazzini Salani es un sello de Adriano Salani Editore s.u.r.l.

Copyright © 2018 Quarto Publishing plc
Copyright © 2019 Adriano Salani Editore s.u.r.l.

Primera edición: enero de 2019
Segunda reimpresión: febrero de 2022

ISBN 978-88-9367-539-0

Impreso en China

Traducción de Marcelo E. Mazzanti

ÍNDICE

———— COLECCIÓN DE CRIATURAS MONAS ————

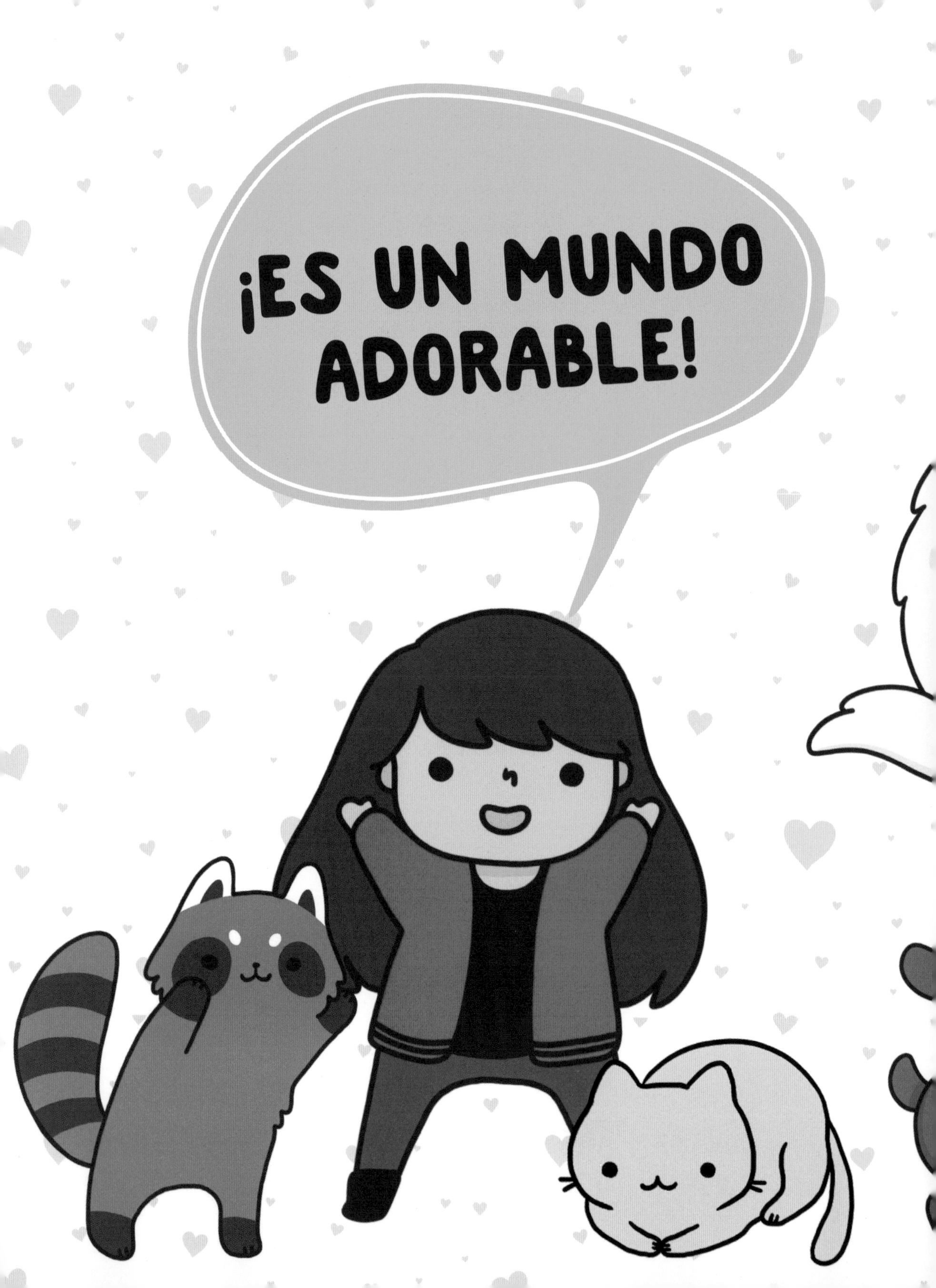
¡ES UN MUNDO ADORABLE!

¡Hola, me llamo Angela!

Soy una ilustradora conocida sobre todo por mis dibujos de animales. Son unas criaturas monísimas, llenas de energía y movimiento, y que resultan muy divertidas de retratar... ¡A todo el mundo le gustan los animales graciosos!

Me hace mucha ilusión mostrarte esta colección tan especial de animales que puedes encontrar en tu casa, en una granja, en el campo y en el bosque, en la selva o si vas de safari, y en el agua. No importa si eres el mejor dibujante de tu grupo de amigos o si crees que no se te da bien: acompáñame en este precioso viaje y verás como acabas creando animales adorables.

QUÉ USAR

Puedes usar muchas cosas para dibujar. Lo más importante es que, elijas lo que elijas, no gotee ni traspase la página. Te recomiendo que primero pruebes en una hoja aparte y te asegures de que al darle la vuelta no quedan marcas en el otro lado. A mí me encanta usar esto para dibujar.

¡El lápiz es fundamental!

LÁPICES
Son ideales tanto para dibujar las formas como para rellenarlas de color. Y, además, si te equivocas, lo puedes borrar.

ROTULADORES
¡Mis preferidos! Son geniales para los trazos finos. Puedes dibujar muchos detalles con ellos, como los dedos de las patas o los bigotes.

¡Atrévete con el rotulador!

Los rotuladores permanentes delimitan las líneas.

¡Consigue brillo con los tonos metálicos!

No hay marcha atrás con un rotulador.

Cuando acabes, no olvides volver a ponerles la capucha y así no se secarán.

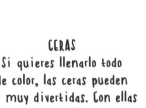

CERAS

Si quieres llenarlo todo de color, las ceras pueden ser muy divertidas. Con ellas crearás texturas interesantes y trazos muy gruesos.

Usa los rotuladores para conseguir intensidad y color.

MARCADORES

Son un poco arriesgados porque usan mucha tinta, así que pruébalos antes. Yo tengo algunos que no penetran mucho en el papel y dibujan trazos gruesos muy bonitos.

Intenta que no se te caigan los lápices. Podría rompérseles la mina.

Los lápices de colores son geniales para sombrear.

PRINCIPIOS MONOS

Estos sencillos pasos te servirán para dibujar cualquier animal.

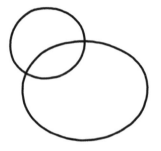

PASO 1: LA BASE

La base de la mayoría de los animales son dos círculos: uno pequeño para la cabeza y otro más grande para el cuerpo. Según el animal, estos dos círculos pueden estar más juntos o más separados.

PASO 2: LAS PATAS

¡Son muy divertidas! Salen del cuerpo en la dirección que quieras. Según el animal, sus patas serán más cortas o más largas. Las orejas también pueden ser de un montón de formas diferentes.

PASO 3: LA COLA

Algunos animales tienen colas largas, otros cortas, y algunos ni siquiera tienen. Este paso 3 es parecido al 2: es como si les añadieras una pata más.

PASO 4: LOS DETALLES

Cuando hayas dibujado la anatomía básica, puedes detenerte en los detalles. Añade pelo, cara, puntitos, rayas y todo lo necesario para que tu animal cobre vida.

Este ciervo tiene muchos detalles.

¡Así es más bonito!

1 SIMPLIFICA

No dibujes demasiados detalles y concéntrate en que tus animales sean adorables. Usa menos líneas y trazos más sencillos.

2 COLORES SUAVES

Utiliza colores pastel para pintar tus animales. Evita los colores fuertes, los hacen parecer muy serios (a menos que sea eso lo que buscas).

3 REDONDEA

Las formas redondas (círculos y curvas) ayudan mucho: tus animales serán más entrañables. Mira qué regordeta es esta jirafa.

¡LLENOS DE VIDA!

Una línea de puntos mostrará el camino del animal.

Unas rayas rectas que salen de la cara indican sorpresa.

Puedes añadir líneas alrededor de los animales para indicar lo que hacen o sienten. Con unos pocos trazos extra, tu animal cobrará vida.

Unas líneas curvas pueden mostrar que tu animal salta alegremente.

Las líneas onduladas son geniales para las criaturas acuáticas. ¡Así ves en qué dirección nada el pez!

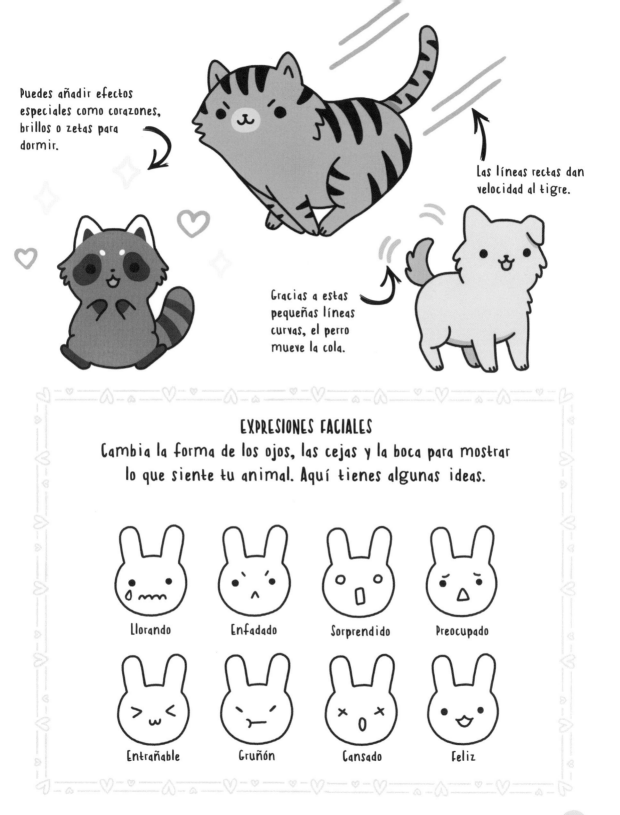

Puedes añadir efectos especiales como corazones, brillos o zetas para dormir.

Las líneas rectas dan velocidad al tigre.

Gracias a estas pequeñas líneas curvas, el perro mueve la cola.

EXPRESIONES FACIALES

Cambia la forma de los ojos, las cejas y la boca para mostrar lo que siente tu animal. Aquí tienes algunas ideas.

Llorando

Enfadado

Sorprendido

Preocupado

Entrañable

Gruñón

Cansado

Feliz

COLECCIÓN
DE CRIATURAS MONAS

 **18**

HÁMSTER

 **20**

PATO

 **22**

ERIZO

 **24**

GATO

 26

ZORRO

 **28**

RATÓN

 **30**

MAPACHE

 **32**

CONEJO

 **34**

PERRO

 **36**

VACA/TORO

 **38**

CABRA

 **40**

OVEJA

 **42**

CERDO

 **44**

GALLINA

 **46**
CABALLO

 **48**
LOBO

 **50**
OSO

 **52**
CANGURO

 **54**
CIERVO

 **56**
BÚHO

 **58**
ARMADILLO

 **60**
LLAMA

 **62**
MURCIÉLAGO

 **64**
KOALA

 **66**
PANDA ROJO

 **68**
CAMELLO

 **70**
DINOSAURIOS

 **72**
MONO/GORILA

74 PÁJAROS DE COLORES

76 ELEFANTE

78 HIPOPÓTAMO

80 JIRAFA

82 LEÓN

84 TIGRE

86 PEREZOSO

88 LAGARTOS

90 LÉMUR

92 RINOCERONTE

94 RANA

96 BALLENA

98 DELFÍN

100 PECES

102 PINGÜINO

104 NUTRIA

106 TIBURÓN

108 CANGREJO/LANGOSTA

110 RAYA

112 FOCA

114 CABALLITO DE MAR

116 MORSA

118 PULPO/CALAMAR

120 NARVAL

122 CASTOR

124 TORTUGA

126 ORNITORRINCO

HÁMSTER

Les encanta comer semillas, frutos secos, fruta y maíz.

Los hámsteres son nocturnos y les gusta correr de noche.

Ñam, ñam. A los hámsteres les encanta
llenarse la boca de comida.
Dibuja algunos poniéndose morados
de diferentes alimentos. ¡No te olvides
de llenarles el bol!

PATO

El pato azulón tiene la cabeza verde y parece que lleve un collar blanco.

Su cuello es muy flexible. Su cabeza podría descansar sobre su cuerpo!

Recuerda que, para las crías, solo tienes que dibujar el mismo animal, pero más pequeño.

Te he dibujado una mamá pato gigante. Ahora te toca
a ti añadir a sus crías nadando muy cerca de ella.
Cuando acabes, ¿qué colores vas a usar para toda la familia?

ERIZO

Un erizo tiene entre cinco y siete mil espinas, ¡pero tú no vas a dibujarle tantas!

Me gusta empezar por el contorno y después hacer la raya que separa la barriga de la espalda.

Cuando dibujes la panza de un erizo, empieza por una forma redonda.

¿Sabías que a los erizos les gusta darse baños?
Flotan boca arriba.
Dibuja tus propios erizos flotando y marca el agua con unas líneas.

GATO

A los gatos les gustan muchas cosas: los juguetes, la comida, la hierba gatera, las siestas y acicalarse.

Juguete

Ovillo

Pescado

Hierba gatera

Los gatos pasan mucho tiempo descansando.

Intenta dibujar diferentes colas en estos preciosos
gatitos: una peluda, una recta, una corta
y una curvada.

ZORRO

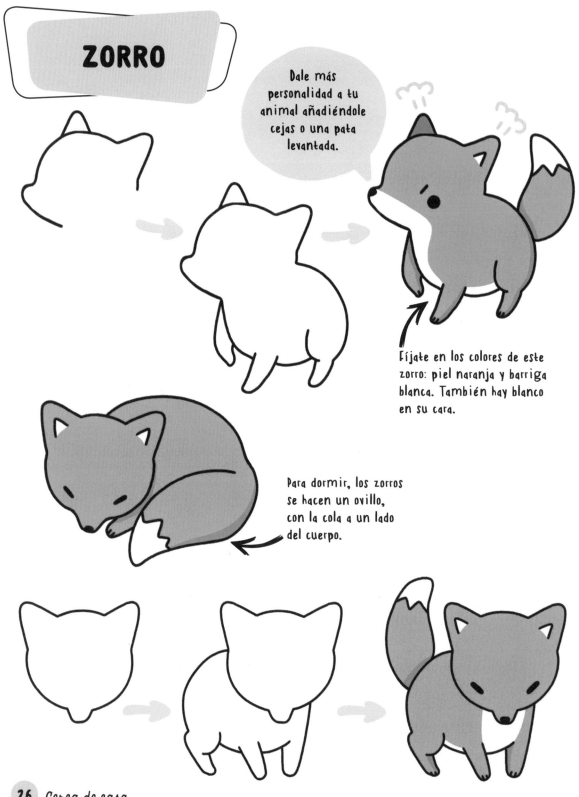

Dale más personalidad a tu animal añadiéndole cejas o una pata levantada.

Fíjate en los colores de este zorro: piel naranja y barriga blanca. También hay blanco en su cara.

Para dormir, los zorros se hacen un ovillo, con la cola a un lado del cuerpo.

A los zorros les gusta guardar la comida en madrigueras que cavan en el suelo. Este de aquí está contemplando su colección de manjares. Dibuja su casa, llena de montones de comida.

27

RATÓN

Ñam, ñam. Añádele un trozo de queso a tu ratón.

Este ratón está ocupado limpiándose.

Son rápidos y silenciosos, ¡y pueden darte una buena sorpresa!

Dibuja un ratoncito que se asoma por la pared en la que
está su casa porque ha olido el delicioso queso.

MAPACHE

Si haces que tu animal sonría y tenga las cejas fruncidas a la vez, parecerá muy decidido.

Puedes hacer que tu mapache esté a cuatro patas o en pie.

Los mapaches son grandes trepadores porque se agarran muy bien. ¡Y pueden dar abrazos muy fuertes!

Enfado

Timidez

Sorpresa

¡Hora de dibujar caras! Pon diferentes expresiones a estos mapaches.
Pueden estar alegres, confundidos, tristes, enfadados,
emocionados o haciendo el tonto.

CONEJO

Enfadado

Cómplice

Pensativo

Sorprendido

Este conejito mastica muy feliz una deliciosa zanahoria.

Algunos conejitos tienen las orejas levantadas y otros las tienen caídas.

Dibuja líneas de movimiento a este conejo para mostrar lo rápido que corre. Después, dibuja debajo a su compañero de carrera.

PERRO

Para que tu perro parezca lanudo, haz líneas curvas.

Para que parezca que mueve la cola, dibuja líneas curvas alrededor de esta.

Este perro tiene un hocico interesante, redondo y adorable.

Las orejas que le dibujes a tu perro marcarán su personalidad.
Por ejemplo, si están de punta parecerá que está alerta,
y si están caídas, se encontrará relajado. Prueba a ver qué
pasa cuando añades estas diferentes orejas a tu perro.

De punta   Curvadas   Largas   Caídas   Triangulares

VACA Y TORO

¿Sabías que las vacas huelen cosas a casi diez kilómetros de distancia?

Ponle cejas de enfado y las patas separadas a tu toro. ¡Qué miedo!

Te he dibujado una vaca para que la pintes. Puede ser marrón, de un solo color, o blanca con manchas negras. También puedes ponerle cuernos y terminar el fondo. ¡Tú decides!

No todas las vacas tienen manchas y cuernos.

Vaca y toro

CABRA

¡Hay cabras que llevan barbitas preciosas!

Esta cabrita tiene orejas lanudas y cuernecitos pequeños que no han crecido.

Dibuja una cabra que salta o está parada sobre las patas traseras.

Las cabras tienen un gran sentido del equilibrio. Saltan muy alto y corren por pendientes muy pronunciadas. Dibuja otra cabra que salta de roca en roca.

OVEJA

Dibujar una oveja es como dibujar una nube.

Recuerda que los colores suaves y pasteles harán que tus dibujos sean más bonitos.

Dibuja las patas muy extendidas para mostrar que tu oveja está saltando.

Si alguna vez no consigues dormirte, puedes contar ovejas en tu cabeza. Dibújalas en este recuadro: una oveja, dos ovejas, tres ovejas, cuatro ovejas... ¿Cuántas puedes conseguir que te quepan?

CERDO

¡Sabías que los cerdos son en realidad muy limpios? Comen y duermen en lugares separados.

Añade zetas para mostrar que el cerdo ronca y disfruta de su siesta.

Puedes pintar tu cerdo con muchas combinaciones diferentes
de colores y manchas. ¡Tú eliges!

Manchas

A rayas

Zigzags

Espirales

GALLINA

Dibujar un pollito es fácil: ¡es como una bolita amarilla!

Fíjate en que la gallina está llena de líneas circulares.

Los gallos son los machos de las gallinas. Tienen plumas de colores.

¿Verdad que parece un nido supercómodo?
Dibuja una mamá gallina incubando sus huevos.

CABALLO

A este caballo le ponen una silla de montar para cabalgarlo.

Prueba a dibujar el caballo de frente. Añade líneas de movimiento para darle sensación de velocidad.

La dirección de la crin y la cola ayuda a ver hacia dónde va el caballo.

Los caballos a menudo tienen manchas, unas veces grandes y otras más pequeñas. Dibuja manchas distintas en estos ponis al galope.

Elige el color de este caballo y ponle manchas grandes.

Ahora prueba con manchas pequeñas en este otro y píntalo de un color diferente.

LOBO

Los lobos pueden ser grises, rojos o blancos. ¿Cuál es tu color preferido para pintarlo?

¡Estirarse después de dormir mucho rato es genial!

¿A qué huele aquí? Dibuja a tu lobo olisqueando comida.

Este lobo está aullando a la Luna.
Completa la imagen dibujando el fondo.
¡No te olvides del cielo y de las estrellas!

OSO

Dibuja a tu oso grande y redondo, pero con orejas pequeñitas.

Los osos necesitan mucha grasa para los meses de hibernación. Dibuja uno muy redondito.

Este oso captura peces en el río. ¡Le encanta el salmón!

El tipo de oso que dibujes dependerá de cómo lo pintes:
un oso polar, uno de montaña, un panda...
Colorea tus propios osos para que se distinga de qué clase son.

CANGURO

Las mamás canguro tienen una bolsa en la barriga para llevar a sus crías.

Pueden recorrer largas distancias saltando. Dibuja tres líneas de salto para mostrar que tu canguro está en marcha.

Cuando está a cuatro patas, su espalda queda a la misma altura que la cabeza.

Esta mamá canguro está mirando a su cría.
Dibújala para completar la imagen. Haz que la cría
también mire a la madre.

CIERVO

Me gusta dibujar manchitas en el lomo de mis ciervos. Haz lo mismo con el tuyo.

Si quieres dibujarle cuernos a tu ciervo, decide su longitud: largos o cortos.

Cuernos largos

Cuernos cortos

Completa esta imagen dibujándole cuernos al ciervo. Puedes
hacerlos largos y con muchas "ramas" o cortos y sencillos...
o de las formas que quieras.

BÚHO

Me gusta dibujar plumas por toda la página como decoración. ¡A los búhos se les caen unas cuantas cuando vuelan!

Intenta dibujar unos cuantos búhos con las alas abiertas. Recuerda que estas pueden ser muy grandes.

Dibujar la cabeza ladeada puede añadirle mucha expresión.

Dibújale algunos búhos amigos o este pobre estará muy solo.
Hasta puedes hacer uno dentro del agujero del árbol.

ARMADILLO

El caparazón del armadillo es duro, pero su panza es blandita.

Puedes darle una expresión alegre con los ojos cerrados y la boca abierta.

Aquí, el armadillo se cierra como una bola. ¿Cuál de estas tres posturas prefieres dibujar?

Dibuja un armadillo caminando.

Ahora intenta dibujar otro haciéndose una bola.

LLAMA

Las llamas están cubiertas de lana que les da calor.

Puedes probar a ponerla de muchas posturas. Así sentada es especialmente mona.

Completa esta imagen dibujando otra
llama a la izquierda. Qué adorable,
dos llamas amigas.

MURCIÉLAGO

Dibuja uno haciendo un guiño, con un ojo abierto y el otro cerrado.

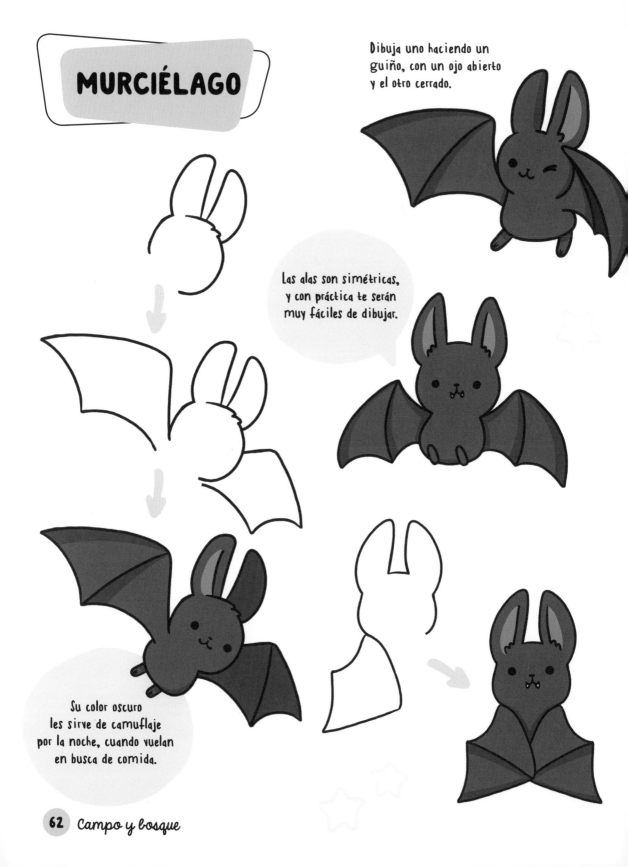

Las alas son simétricas, y con práctica te serán muy fáciles de dibujar.

Su color oscuro les sirve de camuflaje por la noche, cuando vuelan en busca de comida.

Los murciélagos duermen así. Dibújale un compañero a este,
los dos colgados boca abajo.

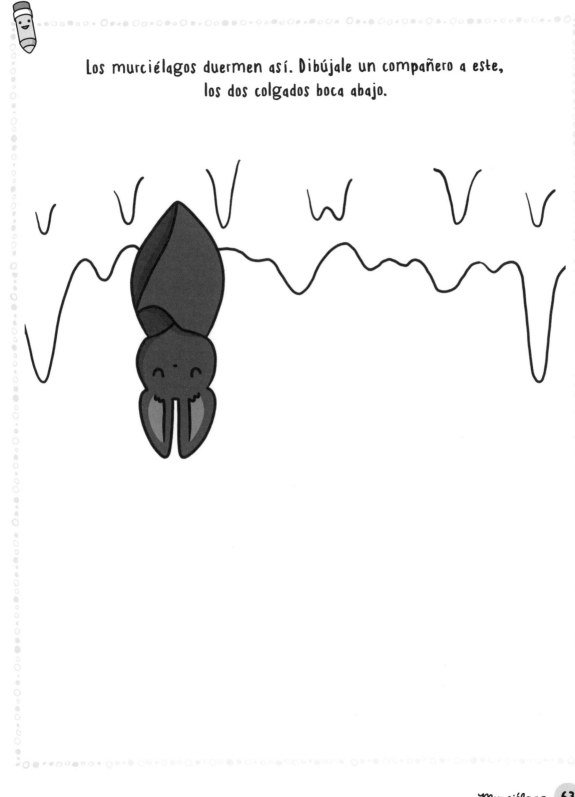

KOALA

Los koalas saltan
de un árbol a otro
en busca de sus
hojas preferidas.

Tienen las orejas muy
suavecitas. Cuando las
dibujes, haz que acaben
en líneas circulares.

La cría del koala se cuelga de la espalda de su madre cuando sale a buscar comida. Dibuja dos bebés koalas de paseo con sus mamás.

PANDA ROJO

Dibújale la cola hacia arriba para mostrar que salta. Las colas van muy bien para indicar movimiento.

Sus colores son lo que lo hacen tan especial. Fíjate en los detalles de la cara y la cola.

Pon cejas blancas a tu panda. ¡Mira qué personalidad le dan!

¡Observa qué feliz está este panda rojo! Dibuja lo que crees
que le hace sonreír: ¿comida, juguetes u otro panda amigo?

CAMELLO

Tienen dos jorobas. Si solo tienen una, se llaman dromedarios.

Este camello está descansando. Dibújale las patas traseras recogidas y las delanteras extendidas.

Las jorobas regulan su temperatura. Así pueden vivir en climas calurosos casi sin agua.

Antes de dibujarlo, decide si le vas a poner una joroba o dos, para no hacerle el cuerpo demasiado pequeño.

¡Un camello en la *pelu*! Dibuja uno con la clase de pelo
que quieras: lanudo, caído... ¡Tú decides!

DINOSAURIOS

¿Sabías que los pterodáctilos en realidad no eran dinos? Puedes mostrar su vuelo con una línea de puntos.

Los tricerátops tenían una curiosa cabeza con forma de concha y tres cuernos.

¡Rápido, dibuja un tiranosaurio corriendo! Usa líneas de movimiento.

Los dinosaurios de esta página eran herbívoros;
es decir, vegetarianos. Dibuja plantas a su alrededor para
que tengan qué comer durante todo el día y la noche.

MONO Y GORILA

Dale a tu mono su comida preferida.

¡Plátano!

Pon mucho pelo a tu gorila para hacerlo superadorable.

Postura orgullosa y dominante.

Los monos usan la cola o las patas para colgarse de los árboles.
Dibuja más monos en esta rama. Pueden estar colgados
o sentados en ella.

PÁJAROS DE COLORES

Pico redondo

Pico pequeño

Pico largo

Pico curvo

Los picos son de muchas formas y tamaños. El de este tucán es especialmente grande.

Hay que ser paciente para dibujar un pavo real: tienes que repetir las plumas de la cola una y otra vez.

Esta cacatúa tiene un curioso peinado de plumas.

Lo divertido de los pájaros de colores es que puedes dibujar la misma forma, pero según cómo los pintes, quedarán muy diferentes. Prueba con los de abajo.

ELEFANTE

¡Dibujar un elefante es casi como dibujar un globo enorme!

Los colmillos hacen que sean a la vez adorables y fieros.

La trompa le da mucha expresión. Y puede cargar cosas con ella, como a su bebé.

A los elefantes les encanta jugar en el agua.
Dibuja otros elefantes alrededor de esta charca.

HIPOPÓTAMO

Dibuja ondas alrededor de su cuerpo para que parezca que nada.

Para dibujar la cabeza, haz la cara redonda y el hocico cuadrado.

En tierra pueden correr hasta 30 kilómetros por hora. ¡Y mira que parece muy lento!

Los hipopótamos pasan gran parte de su vida nadando y durmiendo en el agua. Este está echando un trago en la orilla. Dibuja el agua y pinta el hipopótamo.

JIRAFA

Las jirafas tienen largos cuellos para alcanzar las deliciosas hojas de las copas de los árboles.

Haz que doble las piernas para que galope.

Las jirafas parecen difíciles de dibujar por sus manchas, pero tómatelo con calma y hazlas una a una. Empieza por donde quieras de esta y dibújale un cuadrado de vértices redondeados. Después, haz otro a su lado, y otro, y otro... hasta acabar.

¿Sabías que no hay dos jirafas con las mismas manchas? ¡Todas son únicas!

LEÓN

Su melena puede
ser abundante o más corta,
grande o pequeña, bien
peinada o descuidada.

Melena grande

Melena media

Melena corta

Las leonas no tienen
melena. Esta está
descansando al sol
del mediodía.

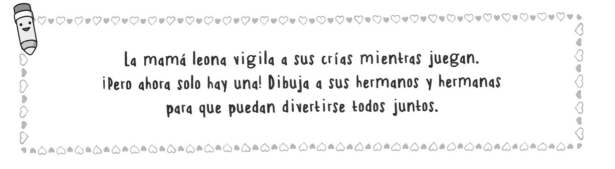

La mamá leona vigila a sus crías mientras juegan.
¡Pero ahora solo hay una! Dibuja a sus hermanos y hermanas
para que puedan divertirse todos juntos.

TIGRE

Los tigres son como gatos domésticos: les encanta la siesta.

¡Un tigre saltando! Mira sus garras, parece que vaya a atrapar algo.

No te preocupes por las rayas del tigre; primero empieza tranquilamente por la silueta.

Acaba mi dibujo añadiéndole las rayas al tigre,
y después crea el tuyo propio.

PEREZOSO

Confuso

Pensativo

Los de verdad siempre parecen dormidos, pero tú puedes dibujarles muchas expresiones.

Cariñoso

Emocionado

Dormido

Usan sus largas garras para colgarse de las ramas.

Dibuja la rama de la que cuelga este perezoso.
Pon hojas en la rama, para que pueda comérselas más tarde.

LAGARTOS

Los camaleones cambian de color, así que puedes dibujar siempre el mismo y pintarlo diferente cada vez.

Las escamas son fáciles de dibujar: repite la misma forma bajando por la columna.

Algunos lagartos tienen pies que se pegan a las paredes.

La cola puede ser enrollada, recta o curva.

Añade detalles y colores para que cada lagarto tenga
su propio estilo. Puedes empezar por este a rayas.

¡Quiero que
me hagas muy
especial!

Añade escamas en la espalda de este lagarto,
o prueba a dibujarle manchas de colores.

LÉMUR

Para que este lémur quede peludito he usado líneas curvas en algunas partes.

¡Un lémur saltando! Fíjate en que tiene las patas abiertas.

Las colas son divertidas de dibujar porque puedes curvarlas en muchas direcciones diferentes.

Los lémures son muy interesantes: pueden tener círculos alrededor de los ojos, las patas pueden ser de color distinto al del cuerpo, y además tienen la cola a rayas.
Dibuja uno aquí con los rasgos que quieras.

RINOCERONTE

Rino bebé.

La postura y los ojos mostrarán lo feliz que está tu animal.

¡Cuidado, que ataca! Si quieres que tu rino parezca muy enfadado, dibújale unas cejas levantadas.

A los rinocerontes les encanta darse baños de lodo.
El barro les enfría la piel y aleja a los insectos.
Pinta tu rino con manchas de lodo para mostrar
que se lo está pasando pipa bañándose.

RANA

Muestra que está saltando dibujándole las patas dobladas.

¡Qué rana más divertida! Hazle una boca muy grande y feliz.

Añadir un nenúfar debajo de tu rana siempre queda genial.

Aquí tienes los perfiles de algunas ranas. ¿Puedes completarlas con tus conocimientos sobre su color y sus características?

Manchas

Rayas

Zigzags

Puntitos

BALLENA

Usa líneas redondas y curvas para dibujar a estas criaturas tan majas.

Las ballenas respiran echando agua por el agujero de su cabeza.

Las crías se llaman ballenatos. Siempre se mantienen cerca de su madre.

Completa esta imagen. He dibujado el chorro de agua que le sale por el agujero de la cabeza. ¡Ahora haz tú la ballena debajo!

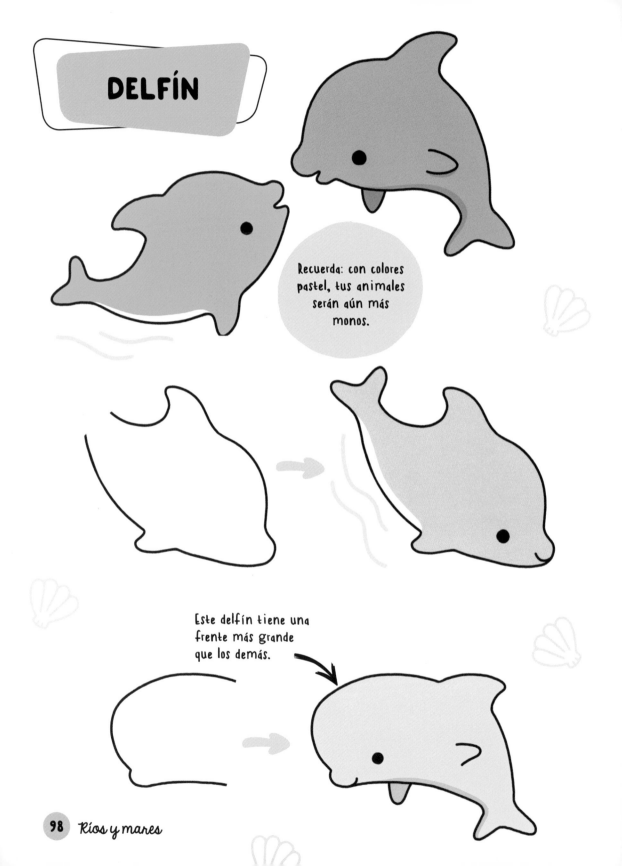

DELFÍN

Recuerda: con colores pastel, tus animales serán aún más monos.

Este delfín tiene una frente más grande que los demás.

A los delfines les encanta jugar. Dibújale a este un juguete
en el hocico, como una pelota de playa o tu patito de baño preferido.
También puedes dibujar otro delfín amigo.

PECES

El pez luna es como un gran cuadrado que nada.

Los peces dorados no pueden cerrar los ojos ni cuando duermen.

Para dibujar un pez globo, haz uno normal y añádele espinas.

Algunos peces parecen difíciles de dibujar, pero si haces primero la silueta y después la rellenas es más fácil.

Los rasgos y los colores que elijas para tu pez cambiarán su aspecto. Aquí tienes una escuela de peces; he pintado algunos, pero tú tienes que acabar el resto. Puedes buscar fotos de peces tropicales o usar tu imaginación y crear una nueva especie.

PINGÜINO

Les gusta deslizarse por el hielo con su panza. ¡Allá voy!

¿Quieres dibujar a papá pingüino y a su cría? Empieza por el pequeño...

...y después haz el otro igual, pero más grande.

Los pingüinos mantienen los huevos calientes con las patas.
Colorea este y su huevo para darles calor. En la segunda imagen
el huevo ya ha eclosionado, así que intenta dibujar una cría
en su lugar.

NUTRIA

Tu nutria puede tener muchas expresiones diferentes.

Enfadada

Pensativa

Nerviosa

Sorprendida

Emocionada

Dibuja líneas de movimiento para que flote en el agua.

Esta nutria corre para ir con su familia. Dibuja un grupo de nutrias en este espacio. Si quieres ponerte un reto, haz a cada una en una pose diferente.

TIBURÓN

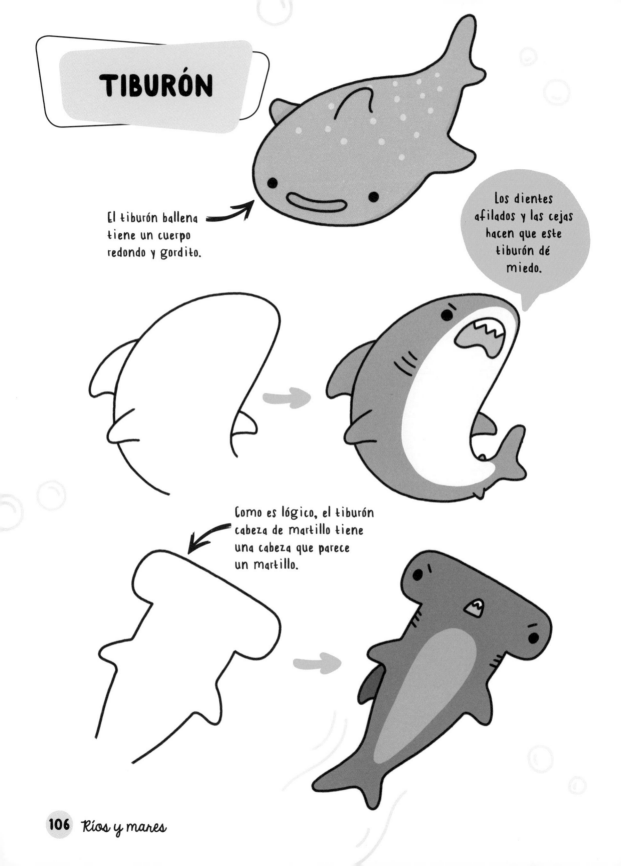

El tiburón ballena tiene un cuerpo redondo y gordito.

Los dientes afilados y las cejas hacen que este tiburón dé miedo.

Como es lógico, el tiburón cabeza de martillo tiene una cabeza que parece un martillo.

Aplica a estos tiburones diferentes colores y características.
Prueba a pintarlos con un solo color, con varios,
dibújales rayas, manchas...

CANGREJO Y LANGOSTA

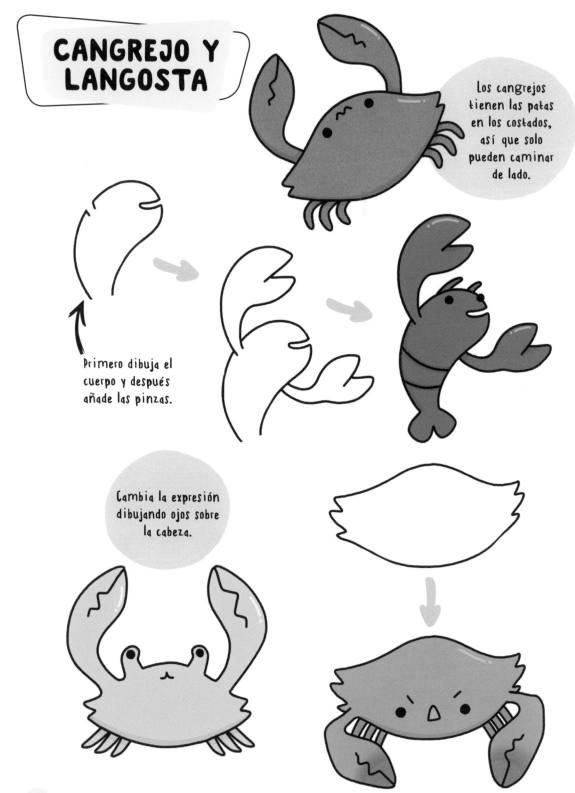

Los cangrejos tienen las patas en los costados, así que solo pueden caminar de lado.

Primero dibuja el cuerpo y después añade las pinzas.

Cambia la expresión dibujando ojos sobre la cabeza.

Puedes encontrar cangrejos en la arena, bajo el agua y hasta en la selva.
Dibuja el paisaje donde se encuentra este. No olvides añadirle un amigo.
¡No queremos ver un crustáceo triste!

RAYA

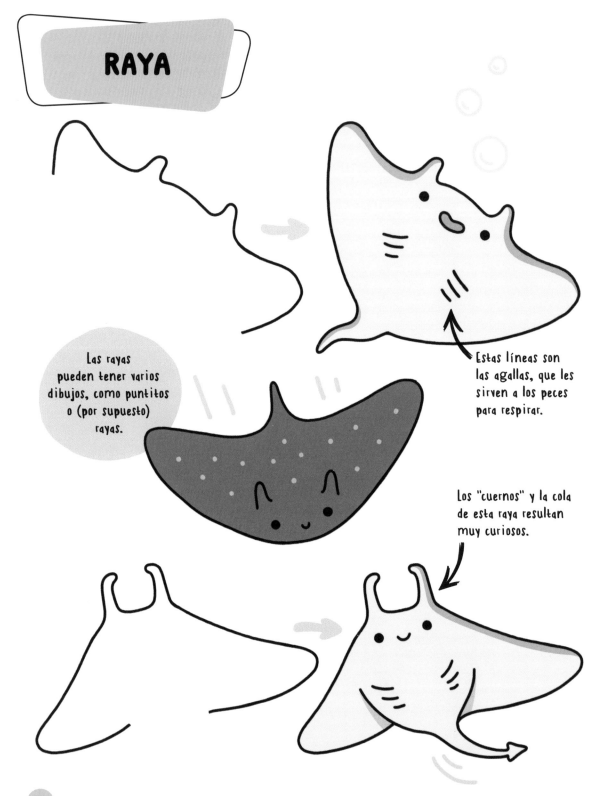

Las rayas pueden tener varios dibujos, como puntitos o (por supuesto) rayas.

Estas líneas son las agallas, que les sirven a los peces para respirar.

Los "cuernos" y la cola de esta raya resultan muy curiosos.

Sigue las líneas de puntos para practicar y después crea las tuyas.
Las colas y los "cuernos" pueden ser cortos, largos, curvos o rectos.
No te olvides de añadirles manchas o lo que quieras en el cuerpo.

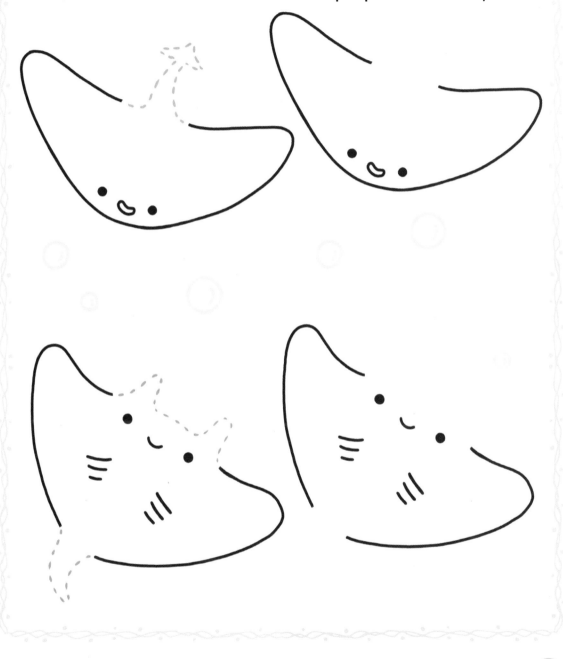

FOCA

Empieza dibujando la cabeza redonda.

¡Una foca boca abajo y panza arriba te está saludando!

Algunas tienen grandes manchas en una zona del cuerpo, y otras las tienen pequeñas por todas partes.

Dale a cada una de estas focas contentas una combinación
de colores y dibujos diferentes.

CABALLITO DE MAR

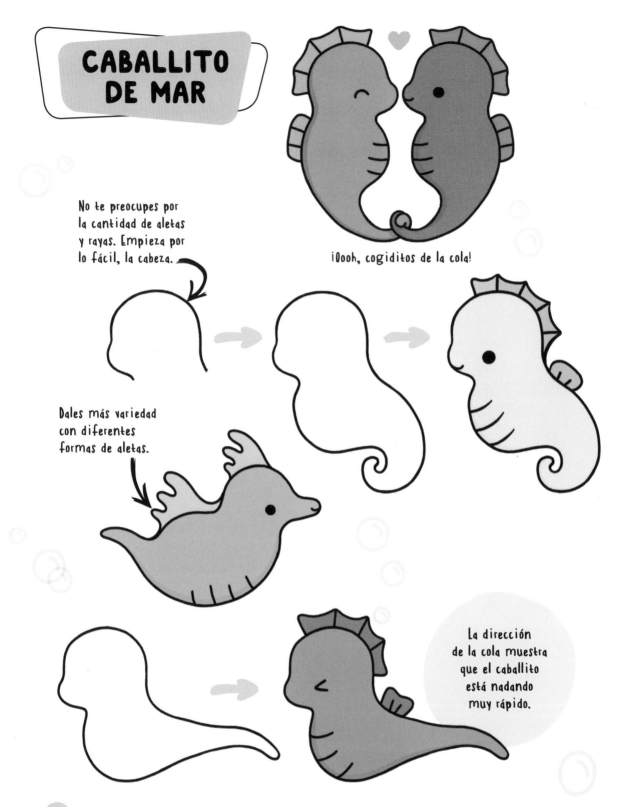

No te preocupes por la cantidad de aletas y rayas. Empieza por lo fácil, la cabeza.

¡Oooh, cogiditos de la cola!

Dales más variedad con diferentes formas de aletas.

La dirección de la cola muestra que el caballito está nadando muy rápido.

Dibuja tu propia familia de caballitos de mar. Hazlos de diferentes colores y con aletas y colas distintas. ¡Y, sobre todo, diviértete!

Te he dibujado este solo para ti.

MORSA

Tienen unos dientes muy largos llamados colmillos.

Los bigotes de la morsa son muy fáciles de hacer. Solo necesitas unas pocas líneas cortas.

Esta morsa está acostada panza abajo, con las aletas pegadas al cuerpo.

Completa este dibujo: añade los colmillos, los bigotes y las aletas. Después, colorea esta morsa y haz el fondo que te apetezca.

PULPO Y CALAMAR

Los pulpos pueden pegarse a las rocas y plantas gracias a sus tentáculos.

Dibujar calamares es divertido. Empieza por el cuerpo y añade los tentáculos.

Dibuja unos cuantos pulpos pegados a la roca grande y a la pequeña. Añade unos calamares nadando, las plantas y el fondo del mar. ¡Pronto conseguirás tu propio acuario completo!

NARVAL

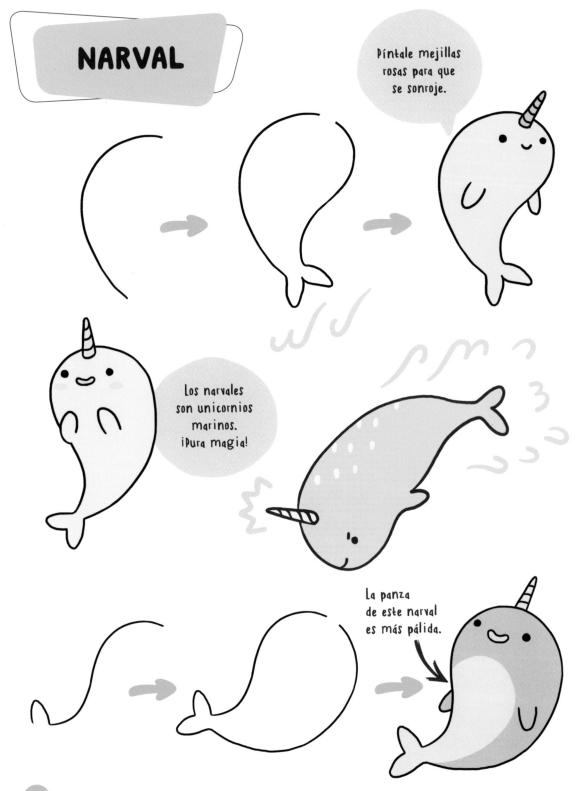

Ríos y mares

Puedes pintar tus narvales de muchos colores y con muchos dibujos. Crea aquí tus propios diseños.

CASTOR

Los castores son muy redonditos. Imagina que dibujas un círculo para la cabeza y otro para el cuerpo.

Los dientes delanteros les crecen toda la vida. Roen madera para que no sean demasiado largos.

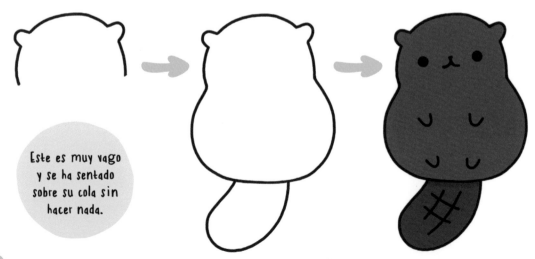

Este es muy vago y se ha sentado sobre su cola sin hacer nada.

Los castores juntan ramas y palitos para construir sus casas junto al río. Completa esta casa dibujando más palitos dentro de la línea de puntos. Puedes hacer otro castor que le ayude. ¡Trabajo en equipo!

TORTUGA

Cuando dibujes tortugas,
haz primero la cabeza
y después añade
el caparazón
detrás.

Diferentes
ángulos

Intenta dibujar una
tortuga escondida
en su caparazón.
¡Te está mirando!

Les gusta comer
frutas y verduras.

Cada tortuga tiene un caparazón diferente.
Crea los tuyos propios para estas cuatro y coloréalas.

ORNITORRINCO

Fíjate en que el pico tiene la misma forma redonda que la cola.

Sus patas palmeadas y su gran cola los hacen buenos nadadores.

¡Achííís! Este ornitorrinco acaba de estornudar. ¡Mira qué cara de tonto se le ha quedado!